CATECISMO MAIOR DE Westminster

ORIGEM E COMPOSIÇÃO

Chad B. Van Dixhoorn

CATECISMO MAIOR DE
Westminster
ORIGEM E COMPOSIÇÃO

EDITORA
OS PURITANOS

Título original em inglês: The Making Of
The Westminster Larger Catechism.
Publicado em português com autorização do autor com o título:
Catecismo Maior de Westminster: *Origem e Composição*
Autor: Chad B. Van Dixhoorn

Editor: Manoel Canuto
Tradutor: Linda Oliveira
Revisores: Alan Rennê e Hélio Kirchheim
Capa e diagramação: Heraldo Almeida

Salvo indicação em contrário, as citações bíblicas são provenientes da versão Almeida Revista Atualizada (ARA).

"Scripturae totius autor est Deus"

SUMÁRIO

Catecismo Maior de Westminster, Origem e Composição

O Breve Catecismo de Westminster é um dos mais amados e bem utilizados de todos os Catecismos da Reforma, e o documento mais famoso da Assembleia que se reuniu na Abadia de Westminster de 1643 a 1649. A Confissão de Fé de Westminster, em seu original e nas suas formas modificadas, tornou-se "de longe o símbolo doutrinário mais influente na história da América protestante".[1] Já o Catecismo Maior de Westminster, em contrapartida, não é nem amado, nem frequentemente usado, nem exerce muita influência.

O Catecismo Maior há muito tem sido negligenciado pelos presbiterianos e pelos evangélicos em geral. Pode-se ter uma noção da indiferença para com o Catecismo Maior

---

1   Sidney E. Ahlstrom, *A Religious History of the American People* (New Haven: Yale, 1972), 131.

ao comparar a quantidade de comentários escritos. Os comentários ou guias de estudo que foram escritos sobre o Breve Catecismo nos últimos 350 anos contam-se às dúzias; e sem nenhuma dificuldade eu reuni sete comentários escritos sobre a Confissão de Fé. Entretanto, apenas uma pessoa, Thomas Ridgley, escreveu um comentário sobre o Catecismo Maior — e isso foi nos idos de 1730.[2] Muitos dos comentários sobre o Breve Catecismo e a Confissão estão ainda disponíveis no mercado; a obra de Ridgley não foi reimpressa desde 1855. Isso pode dar a impressão de que o Catecismo Maior é mais fácil de ser entendido; mas é mais provável que mostre que esse Catecismo é raramente usado.

Outro indicativo da pouca popularidade do Catecismo Maior entre os presbiterianos conservadores pode ser a sua ausência dos hinários. O Catecismo Maior, até onde sei, nunca foi impresso num hinário presbiteriano importante, ao passo que tanto a Confissão de Fé quanto o Breve Catecismo são incluídos regularmente.[3] G. J. Williamson, um ministro da minha própria comunhão presbiteriana, escreveu estudos proveitosos sobre o Breve Catecismo e a Confissão, mas ainda não honrou[4] o Catecismo Maior

---

2   Thomas Ridgley, *A Body of* Divinity... *Being the Substance of Lectures on the Assembly's Larger Catechism* (Londres, 1731-1733; 1814; Edimburgo, 1845; Nova Iorque: R. Carter, 1855). Os presbiterianos e os reformados esperam publicar os comentários de J. G. Vos sobre o Catecismo Maior mais tarde, este ano.

3   Nas Igrejas Presbiterianas da América do Norte — N.E.

4   Publicado originalmente em 2002 pela P&R Publishing sob o título *The Westminster Larger Catechism: A Commentary*, de autoria de Johannes Geerhardus Vos e editado por G. I. Williamson. A tradução para a

com um guia de estudo. As coisas são pouco diferentes nas salas de estar dos lares evangélicos: muitas famílias têm memorizado partes do Breve Catecismo, e algumas têm feito incursões na Confissão, mas apenas raras pessoas memorizam ou mesmo leem o Catecismo Maior.

O propósito principal do presente artigo é traçar a história e esboçar a teologia do Catecismo Maior. Além disso, considerando que o Catecismo Maior merece maior uso nos lares e nas igrejas, este artigo também pretende ser como que um esforço tardio de divulgação da Assembleia de Westminster e uma tentativa de elevar a imagem do Catecismo Maior, mostrando sua importância e utilidade para a Igreja de hoje. Com esses objetivos, então, nos aproximaremos do Catecismo Maior por três ângulos: 1º) Inicialmente, perguntaremos por que, afinal, o Catecismo Maior foi escrito. A Assembleia de Westminster obviamente pensou que havia um propósito para ele. Se entendermos esse propósito histórico, podemos ver por que vale a pena estudar, hoje, o Catecismo Maior. 2.º) Em segundo lugar, olharemos para o Catecismo Maior e o compararemos com catecismos que o antecederam. Isso nos mostrará o que a Assembleia achou que faltava em outros catecismos e nos ajudará a localizar a contribuição especial do Catecismo Maior quando comparado a esses outros catecismos. 3.º) Em terceiro e último lugar, perguntaremos se o Catecismo Maior nos ensina alguma coisa que não é ensinada

---

língua portuguesa foi publicada pela Editora Os Puritanos em 2007, contando com uma segunda edição revisada em 2023. — N.E.

pelo Breve Catecismo e pela Confissão da Assembleia de Westminster.

O Propósito Histórico dos Catecismos de Westminster

Em 1642, o mundo foi virado de cabeça para baixo (pelo menos foi isso que aconteceu com a Grã-Bretanha). Os nobres ingleses, os barões, os cavaleiros, os cavalheiros, os cidadãos, os burgueses, os plebeus de todos os tipos, e os ministros do evangelho, pegaram todos em armas contra o rei Carlos I. Algumas das suas reclamações eram semelhantes àquelas levantadas pelos americanos cento e trinta anos depois, mas muitas das suas queixas diziam respeito à religião. Alguns dos que se levantaram contra o rei eram libertários sem muito compromisso; mas muitos eram puritanos que desejavam uma mudança no culto e na teologia, coisa essa a que o rei protestante Carlos I e sua esposa católica romana tenazmente se opunham.

Por volta de 1643, os parlamentaristas ingleses estavam perdendo muitas batalhas para as forças reais, e solicitaram auxílio do Norte, pedindo aos escoceses protestantes, igualmente insatisfeitos, que os ajudassem contra o rei. A maioria da Escócia, embora inimiga tradicional do reino sulista, concordou em ajudar, contanto que os ingleses subscrevessem um documento de seis pontos, a que deram o nome de "Solene Liga e Aliança". O primeiro ponto da Aliança estabelecia que as igrejas em ambos os países deveriam ser reformadas em "doutrina, culto, disciplina e governo". Para atingir essa unidade, a Assembleia do Parlamento inglês, designada ainda no início de 1643, deveria criar uma "confissão de fé, uma forma de governo de Igreja, um diretório de culto"; e eles acrescentaram um diretório de "catequese". A Assembleia, agora não mais inglesa, mas britânica, começou o trabalho quase que imediatamente.[5]

Os Primeiros Passos na Direção do Catecismo

Assim, o primeiro objetivo do catecismo proposto para a Assembleia de Westminster foi a unidade religiosa, que era também o objetivo de cada um dos seus documentos. Já existiam, naquela época, outros catecismos, e os escoceses tinham os seus próprios catecismos, mas ambos os lados reconheceram o valor de usar documentos confessionais e catequéticos idênticos. Naturalmente, muitos ministros e membros de ambas as igrejas teriam redigido as coisas de modo diferente se estivessem projetando uma expressão pessoal da sua própria fé, mas eles perceberam que necessitavam de um documento confessional para os propósitos ecumênicos.

Pelo menos uns doze ministros ingleses (ou teólogos) que formavam a Assembleia eram, já antes do início da Assembleia, catequistas famosos, e assim os teólogos de Westminster solicitaram que Herbert Palmer, um desses catequistas, escrevesse um primeiro esboço do catecismo.

---

5   A Assembleia não era totalmente britânica: havia dois ministros huguenotes membros da Assembleia que participaram ativamente nos debates.

Sabemos muito pouco sobre a visão de Palmer sobre a catequese, mas um comentário que ele faz nas atas não publicadas da Assembleia sugere que ele achava que um bom catecismo (e confissão) seria um catecismo menor.[6] E por que razão ele pensava assim? É que um catecismo breve seria necessariamente um catecismo mais geral, e assim teria mais chances de ser aprovado por mais pessoas.[7]

Por alguma razão, Robert Baillie e os outros delegados da Assembleia acharam decepcionante o trabalho de Palmer. Embora ele chamasse Palmer de "o melhor catequista da Inglaterra", Baillie falou por si mesmo e por seus colegas escoceses quando afirmou asperamente: "Não gostamos desse trabalho de forma alguma".[8] A Assembleia imediatamente passou o catecismo para os escoceses, que foram encarregados de corrigir-lhe os defeitos. Começando em dezembro de 1643, a Comissão do Catecismo da Assembleia trabalhou nesse catecismo, dando informações

---

6   Não se sabe ao certo o que Palmer queria dizer com "menor".

7   Após fazer um comentário sobre o manual para o culto, Palmer acrescentou: "Com respeito ao catecismo, é [sábio] fazê-lo tão breve quanto é possível fazer. Com respeito à confissão de fé, você gostaria de fazê-la mais breve também. Mas esta Assembleia vê-se obrigada diante de Deus a tratar de tudo quanto diz respeito às práticas de todos os homens. *Minutes of the Sessions of the Assembly of Divines from August 4*, 1643 to April 24, *1652 in Three Volumes*, volume 2 transcrito em novo MSS por Maund Thompson (Edimburgo: Livraria New College, [1868–1869]), 565 — para o futuro "TM", *Minutes of the Sessions of the Assembly of Divines from August 4, 1643 to April 24, 1652 in Three Volumes*, volume 2 (Londres: Biblioteca do Dr. Williams), 290B — para o futuro "MS". Não sabemos ao certo o que aconteceu nesse momento das discussões na Assembleia, e que provocou essa declaração de Palmer.

8   Robert Baillie, *The Letters and Journals of Robert Baillie*. Editado com uma biografia escrita por David Laing (Edimburgo: Alexander Lawrie & Co. por Robert Ogle, 1841), 2:148.

frequentes à Assembleia para discussão pública. Outros debates desviaram a Assembleia, e outras comissões foram mais rápidas: os teólogos completaram a Confissão de Fé primeiro, e passaram-na, em dezembro de 1646, ao Parlamento para ser minuciosamente examinada. O catecismo, contudo, continuou a ser protelado.

A Formação dos Dois Catecismos

Finalmente, em janeiro de 1647, a Assembleia desistiu da ideia de fazer um catecismo só, que se adequasse a todos os propósitos. Como o Prof. Robert Godfrey salientou num ensaio recente, Richard Vines, um teólogo inglês da Assembleia, reconheceu o problema e fez uma proposta para "a Comissão do Catecismo preparar um esboço de dois Catecismos baseados na Confissão de Fé, e nas questões do Catecismo já iniciado".[9]

A proposta de Vines, aceita pela Assembleia, foi entendida de formas diferentes. Mais popular foi a interpretação de Robert Baillie, que se focalizou na frase "baseados na Confissão de Fé". Baillie afirmou que "a Assembleia... decidiu não ter nenhum outro assunto teológico dentro [dos catecismos] além daqueles já estabelecidos na Confissão".[10] A coisa importante, sugerida por Baillie, era que

---

9   W. Robert Godfrey, *"The Westminster Larger Catechism"* em *To Glorify and Enjoy God: A Commemoration of the Westminster Assembly.* Editado por John L. Carson e David W. Hall. (Edimburgo: Banner Of Truth, 1994), 130.
10   Robert Baillie, numa correspondência enviada a William Spang, um parente seu, em 26 de janeiro de 1647, *Letters and Journals*, 3:2.

nenhuma doutrina deveria estar nos Catecismos Maior ou Breve, que já não estivesse na Confissão. Os catecismos, portanto, seriam uma condensação da Confissão.

Os delegados escoceses, num relatório que deram à sua igreja, ao voltarem para casa, forneceram uma razão a mais para escrever dois catecismos em vez de um: era muito difícil "dispor leite e carne num mesmo prato". Em sua visão, essa dificuldade moveu a Assembleia a fazer um catecismo "mais exato e abrangente", e outro "mais fácil e breve para os iniciantes".[11] Em termos de eficiência, certamente parece que essa foi uma boa decisão: por volta de 15 de outubro daquele ano, a Assembleia completou o Catecismo Maior e, um mês antes do Natal, os teólogos apresentaram ao Parlamento o Breve Catecismo.

Ambos os catecismos, então, serviam aos seguintes propósitos: 1º) para serem usados num nível ecumênico ou doutrinário para promover a unidade política e religiosa entre a Inglaterra e a Escócia; e 2º) num nível teológico, para instruir o povo de Deus em assuntos de fé e dever, com o Catecismo Maior dando a instrução mais exata e abrangente.

---

11 Alexander F. Mitchell, em *The Westminster Assembly: Its History and Standards* (Londres, 1883; Edmonton, Alberta: Still Waters Revival Books, 1992), 418. Mitchell pensa que estas são as palavras de Samuel Rutherford, ao prestar relatório em nome da Comissão.

Um Catecismo para Ser Usado na Pregação?

Philip Schaff, o bem-conhecido historiador do século XIX, e J. R. Pitman, editor de um dos trabalhos dos teólogos, afirmaram que o Catecismo Maior servia também para ser usado na pregação. Schaff escreveu que a Assembleia criou "um [catecismo] maior... para a exposição pública no púlpito, de acordo com o costume das igrejas reformadas do continente (Europa)".[12] Godfrey observou que faltam evidências para essa alegação. Godfrey também salientou que o *Manual de Culto* da Assembleia (ainda utilizado por alguns presbiterianos) mostra explicitamente que o pregador deve pregar a partir de um texto bíblico.[13] Esse é um ponto importante: se o ministro devia pregar de um texto bíblico, ele provavelmente não usaria as proposições feitas pelo homem no Catecismo Maior como ponto de partida de um sermão.

Uma leitura das atas não publicadas da Assembleia confirma o ponto de vista de Godfrey. No meio dos debates que a Assembleia manteve sobre pregação, há uma declaração um tanto obscura: "Houve um debate sobre aquele texto ou argumento porque ele dá liberdade para pregar sem um texto bíblico".[14] Na linguagem de nossos dias,

---

12   Phillip Schaff, *The Creeds of Christendom* (Harper and Brothers, 1877; reimpressão, Grand Rapids: Baker, 1998), 1:784; ver também a introdução de J. R. Pitman na obra de John Lightfoot, *The Whole Works of the Rev. John Lightfoot.* Editado por John Rogers Pitman (Londres: J. F. Dove, 1824) xi.
13   "The Westminster Larger Catechism," 131.
14   TM 2:174; MS 2:89.

isso significa o seguinte: "nós debatemos se um pregador deve pregar um texto das Escrituras, ou uma proposição doutrinária (tal como uma resposta que se encontra num Catecismo); nós estávamos preocupados que um sermão baseado num argumento doutrinário poderia permitir que um ministro pregue sem expor um texto bíblico".

Essa declaração da Assembleia revela que a redação final encontrada no diretório de culto foi feita de caso pensado: os ministros na Assembleia de Westminster consideraram que o pregador não devia pregar a partir de uma proposição ou argumento, mas apenas das próprias Escrituras. Por mais importantes que fossem os catecismos, os teólogos de Westminster não quiseram seguir a prática das igrejas reformadas do continente, que pregavam com base no Catecismo de Heidelberg. Ao contrário, mantendo as intenções originais dos autores do Catecismo Maior em mente, parecem existir duas razões principais pelas quais ele foi escrito: 1.ª) unidade de crença; e 2.ª) instrução mais detalhada na fé cristã. Como os delegados escoceses anteviram, os principais beneficiários do Catecismo Maior seriam os cristãos adultos de ambos os reinos, que já entendiam as doutrinas e deveres do Breve Catecismo, e precisavam "da carne da Palavra".

O Catecismo Maior em Distinção
dos Outros Catecismos

Tendo esboçado o propósito histórico do Catecismo Maior, parece ainda apropriado perguntar por que esse Catecismo teve de ser escrito. Afinal de contas, professores respeitados na Grã-Bretanha tinham elaborado bons catecismos; o catecismo de Calvino estava nas livrarias, como também estava o Catecismo de Heidelberg. Por que os delegados da Assembleia não concordaram com o uso desses catecismos para propósitos de unidade e instrução?

Uma resposta está relacionada com a estrutura ou formato dos catecismos antigos, que não caíram no gosto da maioria dos teólogos de Westminster. Na oitava edição de *A Brief and Easie Explanation of the Shorter Catechism* (Uma Explanação Breve e Fácil do Breve Catecismo), um jovem teólogo chamado John Wallis explica o método invulgar da Assembleia de organizar o Catecismo: "A Assembleia teve o cuidado de fazer com que todas as perguntas fossem sentenças completas em si mesmas, sem depender, para o seu sentido, da pergunta anterior; eram, na verdade, aforismos[15] inconfundíveis, contendo sucintamente os fundamentos da religião cristã". Um benefício dessa estrutura, na visão de Wallis, é que o aprendiz não tem necessidade de sobrecarregar a memória com as perguntas, para que possa compreender a resposta [sic]; nem o perigo, como

---

15 Sentença breve e concisa que enuncia um princípio ou uma verdade, sem depender do contexto anterior para ser compreendida — N.E.

em muitos outros Catecismos, de confundir o entendimento por aplicar mal a resposta a uma pergunta errada. Suas perguntas também são tão estruturadas, que qualquer uma delas pode ser feita de forma simples e distinta, sem depender da pergunta anterior.[16]

Assim os catecismos da Assembleia de Westminster foram projetados para ter uma única estrutura. Certamente Wallis não estava exagerando quando menciona que "muitos" dos catecismos continham respostas que faziam sentido apenas com uma pergunta, ou mesmo uma série de perguntas. Todos os catecismos principais da época requeriam que o usuário memorizasse em ordem tanto a pergunta quanto a resposta a fim de obter o sentido das doutrinas bíblicas do catecismo. Frequentemente, era preciso memorizar toda uma série de perguntas e respostas a fim de entender a doutrina em discussão. Tome, por exemplo, uma série de perguntas no início do Catecismo de Calvino:

---

16   John Wallis, *"A Brief and Easie Explanation of the Shorter Catechism Presented* by *the Assembly of Divines in Westminster, to both Houses of Parliament, and By them Approved. Wherein the Meanest Capacities may in a Speedy and Easie way be Brought to Understand the Principles of Religion,* em *Imitation of a Catechism"*, anteriormente publicado por Master Herbert Palmer, B.D. e mais tarde por Master do Queens College (oitava Edição, Londres: por Jane Underhill, 1662) — prefácio. Sou grato a Jason M. Rampelt que, numa conversa, chamou-me a atenção para esse prefácio.

MINISTRO	CRIANÇA
Para considerar essas coisas em ordem e explicá-las mais plenamente — qual é a coisa mais importante?	Confiar em Deus.
Como podemos fazer isso?	Primeiro conhecendo-o como Todo-poderoso e perfeitamente bom.
Isto é suficiente?	Não.
Por quê?	Porque nós somos indignos de que Ele mostre seu poder em ajudar-nos, ou de que empregue sua bondade para conosco.[17]

O conteúdo do catecismo é excelente, mas as perguntas e respostas, toda essa parte, de fato requerem conhecimento de uma longa série de perguntas — um sistema que não facilita a memorização. É bem possível que a estrutura original dos catecismos de Westminster fosse invenção inglesa. Todos os seis catecismos populares da Escócia usavam o estilo mais enfadonho de perguntas e respostas

---

17 "Calvin's Geneva Catechism", em *The School of Faith: The Catechisms of the Reformed Churches* (Londres: James Clarke, 1959), 6.

dependentes.[18] De qualquer maneira, é singular a forma final dos Catecismos Maior e Breve.[19]

Além das questões pedagógicas, os teólogos de Westminster preocupavam-se com os problemas teológicos dos catecismos anteriores, os quais procuraram remediar. Por exemplo, na manhã de 14 de setembro de 1643, Thomas Bayly mencionou a necessidade "de corrigir os catecismos que podem perverter as pessoas [,] assim como o Sr. [William] Perkins" fez com respeito à segurança da salvação do crente.[20] Mas, embora os teólogos de Westminster encontrassem defeitos nos catecismos anteriores, eles não estavam muito longe do caminho seguido pelos seus pais. De fato, os estudos realizados com o fim de descobrir quais catecismos ou catequistas mais antigos podem ter influenciado os Catecismos Maior e Breve, mostram

---

18   Os seis catecismos mais populares da Escócia parecem ter sido o Catecismo de Calvino (1541), o Breve Catecismo (1556), o Catecismo de Heidelberg (1563), o Catecismo de Craig (1581), o Breve Catecismo de Craig (1592), o A, B, C ou Um Catecismo para Criancinhas (1641), e o Novo Catecismo, que teve vida curta (1644). Os três últimos foram produções escocesas; os últimos cinco tiveram a sanção da Igreja da Escócia, pelo menos por um tempo — o A, B, C ou Um Catecismo para Criancinhas foi condenado pela Assembleia Geral Escocesa na mesma data em que o Breve Catecismo foi aprovado: 28 de julho de 1648 (*A True Copy of the Whole Printed Acts of the General Assemblies of the Church of Scotland* [n. p., n. d., 1682], Sess. 19:380).

19   É importante observar que os escoceses podem ter exercido alguma influência sobre a forma final dos Catecismos, mas mesmo assim foi Herbert Palmer quem autorizou a redação final e escreveu a primeira "explicação" do Breve Catecismo. A obra iniciada por Palmer foi terminada pelo seu protegido, John Wallis, mencionado acima.

20   TM 1:106, MS 1:53B. Depois que um membro protestou, Bayly esclareceu que "esteve longe do meu intento desmoralizar o nome do Sr. Perkins" e sua preocupação era apenas com um ponto específico no catecismo de Perkins relativo à fé e à convicção (TM 1:108, MS 1:54B).

que o grosso das frases dos Catecismos de Westminster (e da Confissão) pode ser encontrado palavra por palavra em obras teológicas anteriores.[21] Assim, os autores dos catecismos adotaram aquilo que pensavam estar melhor expresso em outra parte, e juntaram tudo.

O Credo Apostólico

A principal diferença entre os catecismos de Westminster e os catecismos primitivos tem a ver com o *Credo Apostólico*. A prática padrão dos catecismos antes da Assembleia tinha sido expor o Credo Apostólico, frase por frase, exatamente como o fizeram com os Dez Mandamentos e com a Oração Dominical. Rompendo com os catecismos anteriores, a maioria da Assembleia de Westminster decidiu excluir o Credo Apostólico dos catecismos porque o credo, embora fosse bíblico, não tinha sido extraído da Bíblia.

Somente as Escrituras

Ao evitarem o Credo Apostólico, ambos os Catecismos de Westminster se viram beneficiados por duas vantagens. Em primeiro lugar, os Catecismos são claramente baseados nas Escrituras, o que é consistente com a posição assumida no primeiro capítulo da Confissão: "Toda a nossa doutrina vem das Escrituras somente". Em segundo lugar,

---

21 Para uma discussão complementar, ver A. F. Mitchell, *Catechisms of the Second Reformation* (Londres: James Nisbet, 1886).

todo catecismo que usa o Credo Apostólico reflete uma das fraquezas desse mesmo Credo: não há menção da importância da vida de Cristo.

A Vida de Cristo

Isso é muito importante. O Credo Apostólico fala de "Jesus Cristo" que "foi concebido pelo Espírito Santo, nasceu da Virgem Maria" — e qual é a próxima coisa que diz? Que Ele "sofreu sob Pôncio Pilatos, foi crucificado, morto e sepultado". Os Catecismos de Heidelberg, seguindo o Credo, também passam direto do nascimento de Cristo para a Sua morte. Uma sequência semelhante caracteriza o Catecismo de Craig ou o Novo Catecismo, o último escrito durante o tempo da Assembleia de Westminster.[22]

Calvino realmente aponta essa mudança súbita no Credo, passando do nascimento para a morte de Cristo, e pergunta na questão cinquenta e cinco do seu catecismo: "Por que você vai imediatamente do nascimento para a Sua morte, desconsiderando toda a história da Sua vida?" Ao mesmo tempo que é proveitosa essa observação da parte dele, sua resposta é extraordinariamente decepcionante: "Porque na vida dele não encontramos nada que pertença propriamente à essência da nossa redenção".[23]

---

22 Uma referência útil, pelo menos com referência ao texto de vários catecismos, é a obra *The School of Faith*. A extensa introdução de Torrance é menos proveitosa; ele aborda seu material com perguntas ao estilo de Karl Barth, do século vinte, destoando inteiramente dos seus assuntos referentes aos séculos dezesseis e dezessete.

23 Veja a obra *School of Faith*, 13.

Isso é bastante surpreendente, particularmente vindo da parte de Calvino. A vida de Cristo tem muitíssimo a ver com a nossa salvação: Ele gastou a vida cumprindo toda a justiça; Ele observou a Lei que o primeiro Adão transgrediu. É por causa da obediência ativa de toda a Sua vida que Deus o Pai nos vê como justos em Cristo. Apesar de Calvino esclarecer o assunto numa fase posterior da sua vida, o seu catecismo, pelo menos nesse aspecto, permaneceu defeituoso.[24]

O Catecismo Maior reconhece a importância da vida de Cristo porque aborda o assunto de maneira completamente diferente. Usando outra estrutura, ele fala da importância do *nascimento* de Cristo na pergunta qua-

---

24 O Catecismo pode ter sido apenas meio caminho andado de um desenvolvimento no pensamento de Calvino sobre esse assunto. A primeira edição das Institutas de Calvino, publicada em Basel em 1536, não reconhece a lacuna que se encontra no Credo entre o nascimento e a morte de Cristo (João Calvino, Institutas da Religião Cristã, traduzidas e editadas por Ford Lewis Battles (Grand Rapids: Eerdmans, 1975), 50-55. O Catecismo (1541) menciona a proposição do Credo e faz a observação acima. A edição final das Institutas de Calvino (1559) reconhece, num grau maior, a importância da obediência ativa de Cristo. Ver Institutas da Religião Cristã, de João Calvino, Livraria dos Clássicos Cristãos Ed., vol. XXI. Editado por John S. McNeill. Traduzido por Ford Lewis Battles (Filadélfia: Imprensa Westminster, 1960), 11:XVI:5. Eu fui muito crítico em relação a Calvino, na primeira versão do presente artigo. Desde esse tempo tenho observado esse desenvolvimento aparente e li a breve discussão da obediência ativa, de R. A. Peterson, nos comentários de Calvino. Além disso, Richard B. Gaffin Jr. salientou, numa conversa, que Francis Turretin, excelente aluno de Calvino, defende essa passagem do seu mestre como um tratamento adequado da obediência ativa de Cristo. Para a discussão de R. A. Peterson, veja sua obra *Calvin's Doctrine of the Atonement* (Madison, New Jersey: Drew University, Ph. Diss; 1980), 83-85. Para Turretin, veja sua obra *Institutes of Elenctic Theology:* Vol. 2. Editado por James S. Dennison. Traduzido por George Musagrave Giger. (Phillipsburg, New Jersey: P&R, 1994), 14:13: XXII: 454-55.

renta e sete, sua *vida* na pergunta quarenta e oito, e sua *morte* na pergunta quarenta e nove, apresentando, assim, um quadro mais equilibrado e bíblico.[25] O Breve Catecismo faz algo semelhante, resumindo essas três perguntas numa curta resposta.[26] O Catecismo Maior pode também reconhecer a importância da vida de Cristo, pelo menos implicitamente, em suas afirmações sobre a justificação,[27] pois embora a imputação da obediência ativa de Cristo fosse um assunto de debate prolongado na Assembleia, as atas recordam que quando "foi apresentada a pergunta" que incluía a imputação da obediência ativa de Cristo em

---

25   Catecismo Maior de Westminster CCMW 47: Como Cristo se humilhou em sua concepção e nascimento? R.: Cristo se humilhou em sua concepção e nascimento porque, sendo desde toda a eternidade o Filho de Deus, no seio do Pai, ele agradou-se na plenitude do tempo tornar-se o filho do homem, e nascer de uma mulher de condição humilde, sob diversas circunstâncias bem mais degradantes que o normal". "CMW 48: Como Cristo humilhou-se em sua vida? R.: Cristo humilhou-se em sua vida ao sujeitar-se à lei, a qual ele cumpriu perfeitamente, e por lutar de contínuo contra o opróbrio do mundo, as tentações de Satanás e as fraquezas da sua carne — quer fossem elas comuns à natureza humana, quer acompanhassem de modo peculiar aquela sua condição humilde". "CMW 49: Como Cristo humilhou-se em sua morte? R.: Cristo humilhou-se em sua morte, ao ser traído por Judas, abandonado pelos seus discípulos, escarnecido e rejeitado pelo mundo, condenado por Pilatos e atormentado pelos seus perseguidores; também se humilhou lutando contra os terrores da morte e os poderes das trevas, e sentido e recebendo sobre si o peso da ira de Deus — humilhou-se entregando a vida como oferta pelo pecado, suportando a dolorosa, vergonhosa e maldita morte de cruz".
26   O Breve Catecismo de Westminster 27: "Em que consistiu a humilhação de Cristo? R.: A humilhação de Cristo consistiu em ele ter nascido, e isso em humilde condição, em ter-se colocado sob a lei, ter sofrido as misérias desta vida, a ira de Deus e a amaldiçoada morte na cruz; em ter sido sepultado e permanecido debaixo do poder da morte durante certo tempo".
27   CMW 70, 71.

sua definição de justificação, "apenas três ou quatro dos presentes discordaram".[28]

Comparar os Catecismos Maior e Breve com catecismos anteriores é, então, um exercício útil. No mínimo revela que estes Catecismos: 1.º) de forma clara baseiam seu ensino somente nas Escrituras; 2.º) enfatizam a vida de Cristo (e a obediência ativa) tão bem quanto sua morte e ressurreição; e 3.º) fornecem uma clara e aperfeiçoada estrutura pedagógica, por garantirem que cada resposta se mantém sozinha como verdade bíblica. Então, por essas razões, também, o Catecismo Maior é muito valioso.

---

28   TM 1:89, MS 1:45. A justificação foi debatida primeiro quando foi feita a revisão dos 39 Artigos da Igreja Anglicana, que era o projeto da Assembleia antecedente à assinatura da Liga e Aliança Solene. Nos debates sobre justificação e antinomianismo na Assembleia, a maioria dos teólogos argumentou que a imputação da obediência ativa de Cristo é parte da justificação. Pode-se apresentar uma página das atas como amostra. O Dr. Joshua Hoyle terminou seu discurso lembrando aos colegas teólogos que a "desobediência de Adão foi uma desobediência ativa". George Walkes concordou imediatamente, acrescentando: "não se pode separar a obediência passiva e a obediência ativa de Cristo". Richard Vines perguntou se a doutrina era igualmente clara em ambos os Testamentos, mas Theodore Bathurst replicou que "tornar justo é mais do que simplesmente tornar inocente". John Ley, o homem encarregado da Comissão da Assembleia para examinar ministros, concordou (TM 1:25, MS 1:13). Ver também a discussão de Antony Burguess em sua obra *The True Doctrine of Justification Asserted and Vindicated from the Errours of many, and more Especially Papists and Socinians. Or, a Treatise of the Natural Righteousness of God, and Imputed Righteousness of Christ* (Londres: A. M. para T. Underhill, 1655). Esse trabalho forma a segunda parte da obra *Treatise of Justification, Part II* (Londres: por Thomas Underhill, 1654). O livro de Burguess é essencialmente um tratado sobre a obediência ativa de Cristo. Os notáveis eruditos discordantes, de acordo com Burguess e as atas, parecem ter sido os teólogos mais antigos, tais como William Twisse, Thomas Gataker, Richard Vines e William Reyner.

O Catecismo Maior Comparado ao
Breve Catecismo e à Confissão

Mas será que a Igreja realmente necessita do Catecismo Maior, já que ela tem os brilhantes sumários do Breve Catecismo por um lado, e a profundeza e amplitude da Confissão de Fé por outro? A resposta é sim, e a razão para essa resposta é simples: O Catecismo Maior não é um mero resumo da Confissão, nem uma ampliação detalhada do Breve Catecismo, mas é um sumário independente da fé cristã.

Às vezes, o Catecismo Maior faz perguntas únicas. Algumas vezes, essas perguntas extras podem não soar como se fossem especialmente importantes para nós — tal como a questão dezesseis, que trata da criação dos anjos, ou a questão dezenove, sobre a providência de Deus para com eles. Mas outras vezes as contribuições são mais significativas. O Catecismo Maior, por exemplo, apresenta regras para interpretar e aplicar a lei de Deus, e explica as diferenças entre justificação e santificação. O Catecismo Maior também entra em maiores detalhes sobre o nosso Deus trino do que o Breve Catecismo, e tem mais a dizer sobre Jesus Cristo. O Catecismo Maior tem múltiplas perguntas sobre o papel mediador de Cristo, sua humilhação e exaltação. Realmente, o Catecismo Maior dá numerosas contribuições não incluídas no Breve Catecismo, todas confirmando a ideia de que o Catecismo Maior foi escrito para tratar de assuntos profundos e importantes da Palavra de Deus.

A Igreja

Mas talvez a maior contribuição do Catecismo Maior, a qual perdura até hoje, seja aquela observada por Robert Godfrey. Ele aponta que o Catecismo Maior fala frequentemente da Igreja, ao passo que o Breve Catecismo está mais ligado ao indivíduo.[29] Isso é extremamente importante. O Catecismo Maior menciona frequentemente os ministros do evangelho e apresenta discussões profundas sobre os meios de graça visíveis e comuns, ao passo que o Breve Catecismo quase nada diz sobre esses temas. O Catecismo Maior amplia suas lentes a fim de focalizar o povo de Deus de forma coletiva, pública e congregada. O Professor Godfrey sugere que "é possível entender a decisão de remover do Breve Catecismo a doutrina da Igreja num contexto onde se presumia que os catecúmenos avançariam para receber a instrução completa por meio do Catecismo Maior", mas ele adverte que "onde o Catecismo Maior não mais é usado desse modo... existe uma omissão muito séria"; ali poderia ocorrer uma falta de doutrinação a respeito da Igreja dentro da própria Igreja.[30]

29   Godfrey, "The Westminster Larger Catechism", 134–38.

30   Godfrey, "The Westminster Larger Catechism", 135; ver também 135-38. Godfrey discute também as alegações de T. F. Torrance de legalismo do Catecismo Maior (132–34; 142), e sua falta de enfoque no Espírito Santo (140; 142). Godfrey salienta que o Catecismo Maior fala da Lei tanto quanto o Catecismo de Calvino e menos que o Breve Catecismo.

Godfrey bateu na proverbial cabeça do prego. Sua observação pode explicar por que tantas pessoas apreciam o Breve Catecismo e não o Catecismo Maior: o Breve Catecismo, como boa parte do evangelicalismo norte-americano, se concentra no indivíduo; o Catecismo Maior, por outro lado, é explicitamente coletivo e eclesiástico. Eu penso que é justo acrescentar que em alguns lugares o Catecismo Maior parece mais preocupado com a Igreja e os meios de graça comuns (tais como a pregação, os sacramentos, e a disciplina da Igreja) do que a própria Confissão.

Naturalmente, se a afirmação anterior de Robert Baillie está correta, esse não deveria ser o caso. Baillie pensou que os Catecismos não diriam coisa alguma que a Confissão não mencionasse. Mas parece que a Comissão que trabalhava no Catecismo nem sempre se sentiu obrigada a seguir o texto ou o conteúdo da Confissão. O Professor John Murray sugere, por exemplo, que o ensino do Catecismo Maior sobre a aliança da graça sobrepuja o do capítulo sete, seção três, da Confissão, e que a pergunta vinte e dois do Catecismo Maior tem uma discussão melhor a respeito da imputação do pecado de Adão do que a Confissão de Fé, no capítulo seis, seção três.[31]

Ele observa, além disso, que o Espírito Santo é mencionado em dezoito por cento das perguntas do Catecismo Maior — aproximadamente o dobro do encontrado no Catecismo de Calvino ou no Breve Catecismo (142).

31   John Murray, "The Theology of the Westminster Confession of Faith," in *Collected Writings of John Murray, 4: Studies in Theology* (Edimburgo: Banner of Truth, 1982), 258–63.

Conclusão

Se Murray está certo ou não, parece que há muitas razões pelas quais o Catecismo Maior é merecedor do nosso estudo. Ele unifica igrejas que utilizam a mesma Confissão e os mesmos Catecismos. Inicialmente, o Catecismo Maior foi escrito para ajudar a unificar as igrejas inglesas e as escocesas; agora, o Catecismo se junta aos outros dois padrões de Westminster para unir todos os cristãos e as igrejas que adotam esses credos como seus. O Catecismo Maior também nos dá a carne da Palavra de Deus. Ele destaca de maneira eficaz e explica mais completamente as doutrinas negligenciadas que os cristãos maduros precisam ouvir. O Catecismo Maior enfatiza aspectos do evangelho e os extrai diretamente das Escrituras de um modo que os outros catecismos não fazem. E, finalmente, o Catecismo Maior enfatiza a Igreja, o ministério, a pregação e os sacramentos numa hora em que os presbiterianos — e de fato todos os cristãos — precisam ouvir sobre eles. Por essas razões, pelo menos, o Catecismo Maior é merecedor da nossa total atenção.

Sobre o Autor

Chad B. Van Dixhoorn é canadense de nascimento e um dos principais especialistas mundiais em história e teologia da Assembleia de Westminster. É graduado pelo Huron College da University of Western Ontario (B.A., 1996), pelo Seminário Teológico de Westminster na Filadélfia (M.Div. e Th.M.) e pela Universidade de Cambridge (Ph.D.), onde também foi agraciado com uma bolsa de pós-doutorado da British Academy e ocupou três bolsas de pesquisa no Wolfson College.

Foi membro da Faculdade de História da Universidade de Cambridge entre 2004 e 2008, período no qual pesquisou a história e a teologia da Assembleia de Westminster e lecionou sobre o puritanismo. Em 2013, foi eleito Fellow da Royal Historical Society em reconhecimento à sua monumental obra *The Minutes and Papers of the Westminster Assembly, 1643–1652*, publicada em cinco volumes pela Oxford University Press em 2012. É também pesquisador honorário na School of History da University of East

Anglia, Reino Unido, e desde 2023 atua como professor adjunto no Reformed House of Studies do Wycliffe College, University of Toronto.

Desde 2023, o Dr. Van Dixhoorn é Professor de História da Igreja e Teologia no Reformed Theological Seminary de Charlotte, Carolina do Norte. Anteriormente, exerceu o cargo de Professor de História da Igreja e Diretor do Craig Center for the Study of the Westminster Standards no Seminário Teológico de Westminster (2018–2023), e o de Professor Associado de História da Igreja e Professor Chancellor's de Teologia Histórica no Reformed Theological Seminary de Washington (2008–2018).

Entre suas obras publicadas destacam-se: *Confessing the Faith: A Reader's Guide to the Westminster Confession of Faith* (Banner of Truth, 2014) — disponível em português como *Confessando a Fé* —, uma edição dos diários de John Lightfoot (Oxford University Press, 2023) e uma edição de *Plans for Holy War* de John Arrowsmith. Atualmente coordena a publicação das *Works of Samuel Rutherford* em 22 volumes, a cargo da Reformation Heritage Books.

Ordenado como ministro da Igreja Presbiteriana Ortodoxa, o Dr. Van Dixhoorn serviu durante nove anos como pastor, primeiramente na Cambridge Presbyterian Church (Reino Unido) e posteriormente na Grace Presbyterian Church de Vienna, Virgínia.

www.ingramcontent.com/pod-product-compliance
Lightning Source LLC
LaVergne TN
LVHW041445170726
843492LV00008B/2809